우리는 다르니까
함께해야 해

Somos diversidad
©Magdalena Guerrero
©María José Poblete
©Alfredo Cáceres
©La Bonita Ediciones
Korean Translation copyright © 2023 by Dabom Publishing Co. through VLP Agency, Chile & Greenbook Agency, Korea.

이 책의 한국어판 저작권과 판권은 그린북 에이전시를 통한 권리자와의 독점 계약으로 다봄출판사에 있습니다.
저작권법에 의해 한국 내에서 보호를 받는 저작물이므로 무단 전재와 무단 복제, 전송, 배포 등을 금합니다.

우리는 다르니까 함께해야 해

마그달레나 게레로·마리아 호세 포블레테 글 | 알프레도 카세레스 그림 | 김정하 옮김

다봄.

차례

1 다양한 문화
6-19

2 다양한 종교
20-33

3 다양한 성
34-45

4 다양한 가족
46-57

5 다양한 장애를 가진 사람들
58-71

이 책을 읽기 전에

우리는 가족과 친척, 친구와 이웃과 함께 살아가고 있어.
가끔은 혼자 있고 싶기도 하지만 대부분 다른 사람과 함께하고 싶어 해.
생각해 보렴. 심심할 때는 친구들과 재미있게 놀고 싶고 슬플 때는 누군가에게 위로받고 싶지 않니?
물론 그렇지 않은 사람도 있어. 세상에 똑같은 사람은 단 한 명도 없으니까 말이야.
만약 누군가 너에게 "넌 누구니?"라고 물으면 뭐라고 대답할 거야?
너를 나타내는 특별한 점이 무엇이라고 생각해? 한번 생각해 보렴.
우리는 모두가 인간으로 태어나 성장하고 언젠가 죽지만 저마다 다른 개성이 있고 사는 모습과 방식도 달라.
또 대부분이 기쁠 때는 웃고 슬플 때는 울며 감정을 표현하지만, 이 역시 저마다 조금씩 달라.
그런데 어떤 사람들은 자기와 다른 사람을 있는 그대로 인정하지 않고 놀리고 괴롭혀.
인류의 역사에서 피부색이 다르다는 이유만으로 수많은 사람의 목숨을 빼앗는 일도 있었어.
정말 끔찍한 일이었지. 왜 이러는 걸까? 왜 나와 다른 사람을 배척하고 무시하고 상처를 주는 걸까?
사람이라면 누구나 유일하고 가치 있는 존재라는 것을 왜 모르는 걸까?
인류가 얼마나 다양한 문화를 이루며 살아왔는지, 여러 종교의 특징과 의식이 어떤 의미를 뜻하는지
이 책으로 함께 알아보자. 여러 다양한 성과 여러 유형의 가족 그리고 장애를 가진 사람들에 대해
자세히 알게 되면 사람은 누구나 특별하고 소중한 존재임을 다시금 깨닫게 될 거야.

1 다양한 문화

수백만 년 전에 원시인들은 똑바로 서서 손을 바라보았어. 그들은 다른 동물들과 함께 나무를
향해 걸어갔지만 나무에 기어오르지 않았어. 원숭이는 기어올랐고, 야생 고양이도 기어올랐어.
다람쥐와 쥐들도 기어올랐어. 하지만 인간은 나무 그늘에 자리를 잡고 앉아서
두 손으로 무언가를 만들었어.
원시인 가족은 겨울을 보낼 커다란 동굴을 찾아다녔어.
어른들은 동굴 벽에 자기 손과 사슴, 들소와 말 그림을 그렸고
아이들은 어른에게 그림을 그리는 법과 동물들에 대해 배웠어.
긴 시간이 흘렀어. 사람들은 강가에 모여 살았어. 땅을 경작하고 곡식에 물을 줬어.
가축을 키우고 집을 지었어. 배를 타고 낚시와 그물을 이용해서 물고기를 잡았어.
전쟁도 일어났고 평화로운 시절도 있었어.
이런 일이 여러 차례 반복되었어.
사람들은 살아온 이야기를 말로 전했고 돌과 종이에 기록하기도 했어.
같은 지역에 사는 사람들끼리는 신앙과 언어, 예술을 공유하며 같은 문화를 만들었어.
하지만 문화는 끊임없이 변했어. 세대를 이어서 전해져 내려오며 새로움을 더했지.
물론 중간에 어떤 문화는 사라지기도 했어. 또 사람들이 집을 떠나 다른 지역에서 살면서
문화가 퍼지고 섞였어. 그러다 보니 한 나라에 여러 문화가 함께 존재하게 되었어.
원주민의 문화가 있고 북쪽과 남쪽에서 온 사람들의 문화, 산에서 온 사람들의 문화,
바다에서 온 사람들의 문화, 도시에서 온 사람들의 문화, 시골에서 온 사람들의 문화 등등.
다양한 문화가 사람들을 따라 전해졌고 공존했고 서로 섞여서 새로운 문화를 또 만들어 냈어!

너는 어떤 문화를
누리고 있니?

문화란 무엇일까?

문화란 한 사회의 독특한 생활 방식으로 그 지역의 사람들이 살아가는 방식이나 추구하는 가치, 전통과 신앙, 예술과 같은 것들을 말해. 문화는 자연 환경과 지역에 따라 완전히 다를 수 있어.

문화 상식 퀴즈!

문화 지도를 보고 아래에서 설명하는 것들을 찾아볼래?
정답은 9쪽 하단에 있어.
(1) 춤과 음악과 곡예가 결합된 무술
(2) 목을 길게 늘인 여자들
(3) 아즈텍족의 우주관과 달력이 담긴 거대한 돌
(4) 페루와 볼리비아에 위치한 호수
(5) 용감한 전사들로 유명한 칠레의 민족
(6) 얼음 위에서 스케이트를 타고 고무로 된 퍽을 쳐 내는 경기

사람들은 무척 닮았으면서도
또 동시에 무척 달라.
우리가 보는 세상도 마찬가지야.
누가 어떻게 바라보느냐에
따라서 세상이 다르게 보여!

어느 나라에서 만드는지에
따라서 세계 지도가 다르게
그려졌다는 걸 알고 있니?
북쪽과 남쪽이 거꾸로 보일 수 있어.
뭐, 우주에는 위도 없고 아래도
없지만 말이야.

인간의 문화?

너는 생일 파티를 어떻게 하니? 네가 사는 마을에서는 동물을 어떻게 대해?
여자아이들과 남자아이들이 똑같은 놀이를 하니? 죽은 사람들을 위한 축제가 있어?
이사할 때는 어떻게 해? 네가 쓰는 언어에는 흰색을 나타내는 단어가 여러 개니?
아니면 앵무새를 뜻하는 단어가 여러 개니?
이 책을 읽는 세계 여러 나라의 아이들이 한자리에 모여서 답을 한다면
모두가 서로 다른 답을 이야기할 거야.
네가 사는 곳의 전통과 네가 생각하고 느끼고 행동하는 방식은 너의 부모님과 친구들,
이웃에게서 배운 거야.
자기가 사는 지역에서 세대를 통해 이어져 내려온 것, 그게 바로 문화야.

동물들의 학습

동물도 행동 방식을 배우고 반복할 능력이 있다는 것을
알고 있니? 일본에서 원숭이 무리를 관찰했는데,
한 암컷 원숭이가 들고 오던 고구마를 모래밭에 쏟아서
흙이 묻은 고구마를 물에 씻어 먹었어.
그러자 다른 암컷 원숭이들이 그걸 보고 따라 했고, 어린 원숭이들은 물론
어른 원숭이들도 따라 했어. 원숭이처럼 사람도 세대를 거치면서
이전 세대를 보고 학습하고 배우며 문화를 이루었단다.

세계 곳곳에서
서로 다르게 흘러가는 문화

아침에 일어나는 순간부터 서로 다른 문화를 누릴 거야.

세계의 아침 식사

우리가 눈 뜨고 일어나는
나라가 어디냐에 따라서
아침 식사가 달라져.

밥과 국, 생선과 채소

일본

우유와 잼을 바른 크루아상

프랑스

오믈렛, 베이컨과 오렌지주스

미국

검은콩과 할라피뇨, 계란프라이

칠레

베트남

닭고기 국수

멕시코

너는 아침에 주로
뭘 먹어?

우유와 아보카도를 바른 빵

서로 다른 인사 예절

네가 사는 곳에서는 어떻게 인사를 하니?
악수를 하거나 뺨에 키스를 하면서 "안녕?"이라고 인사를 하니?
라틴 아메리카에서는 남자들끼리는 보통 악수를 하면서 인사를 해. 하지만 남자와 여자가 만나거나 아니면 여자들끼리 만날 때는 뺨에 키스를 하면서 인사를 해. 동양에서는 자기보다 나이가 많은 사람한테는 고개를 숙이거나 허리를 숙여서 인사를 해. 친구 사이에선 손을 흔들며 인사를 하지.

프랑스 키스

프랑스에 살고 계신 할머니와 할아버지를 만나면 볼을 마주대고 입으로 '쪽' 소리 내어 키스를 해. 입술을 볼에 대지 않고 소리만 내는 키스야.

이네스, 프랑스인 아빠와 칠레인 엄마를 둔 소녀

형제의 키스

아주 유명한 역사적인 키스가 있어. 1979년에 독일은 동독과 서독으로 나뉘어져서
수도 베를린이 커다란 장벽을 사이에 두고 동과 서로 분단되어 있었어.
그때 지금은 러시아가 된 구소련의 공산당 서기장인 브레즈네프와 동독의 공산당 서기장인 호네커가
서로의 돈독한 관계를 자랑하며 역사에 남을 키스를 나누었어.

그 모습을 한 화가가 그림으로 그리고
'형제의 키스'라고 이름을 붙였지.
지금은 베를린 장벽이
부서져서 일부만 남아 있어.

그런데 어떤 나라에서는 공공장소에서 여자와 남자가 서로 포옹하거나 키스를 나누며 인사하면 경찰에 잡혀가. 그 나라들은 법으로 여자들의 행동과 옷차림을 제한하거든.

2010년에 아랍 에미리트의 두바이에 관광을 온 영국인 남녀 커플이 식당에서 키스를 했다는 이유로 한 달 동안 감옥에 가기도 했어.

문화마다 다른 축제

일 년 중 가장 좋아하는 날이 언제야? 많은 어린이가 생일날이라고 말할 거야.
그런데 나라마다 생일 파티도 다르단다.
아일랜드에서는 생일을 축하한다는 의미로 바닥을 두드려.
중국에서는 긴 국수를 먹고 라틴 아메리카의 아이들은 두툼한 종이로 만든 피냐타를
깨뜨리면서 생일을 축하해. 피냐타 안에는 사탕이 가득 들어 있어. 생일 파티의 주인공이
두 눈을 가린 채 피냐타를 찾아서 깨뜨리면 손님들이 사탕을 줍는, 일종의 게임이야.
생일 축하 인사말도 나라마다 다른데, 여러 나라의 생일 축하 인사말을 알려 줄게.

"생일 축하해!"

Alles gute zum Geburtstag
(알레스 구테 춤 거부르츠타크) 독일어

Sretan rođendan
(스레탄 로젠단) 크로아티아어

Tillykke med fodselsdagen
(틸뤽케 메드 포셀스다겐) 덴마크어

Joyeux anniversaire
(조아이 아니베르세르) 프랑스어

お誕生日おめでとう
(오단조비오메데도우) 일본어

Selamat ulang tahun
(슬라맛 울랑 타훈) 인도네시아어

Buon Compleanno
(부온 콤플레안노) 이탈리아어

Selamat hari jadi
(셀라맛 하리 자디) 말레이시아어

Eku ojobi
(에쿠 오조비) 나이지리아어

Gratulerer med dagen
(그라투레러 메 다겐) 노르웨이어

Feliz Aniversário!
(펠리스 아니벨사리오) 포르투갈어

С Днем Рождения
(스 드넴 로즈데니야) 러시아어

Chúc mùng sinh nhat
(쭉 뭉 신 니엇) 베트남어

전 세계에 몇 개의 언어가 있을 것 같아?

세계에는 6천 개 이상의 언어가 있다고 알려졌어.

전 세계가 같은 달력을 쓰지 않아

우리는 그레고리력을 쓰고 있어. 그레고리력은 1582년에 로마 교황인 그레고리우스 13세가 그동안 쓰던 율리우스력을 고쳐서 만든 태양력이야. 태양력은 지구가 태양을 한 바퀴 도는 기간인 365일을 일 년이라고 정하고, 일 년을 열두 달로 나눠서 쓰는 달력이야. 지금은 대부분의 나라에서 태양력을 쓰는데 우리나라를 비롯한 중국과 일본에서는 전통적으로 '음력'을 썼어. 음력은 아시아 문화권에서 태양과 달의 움직임을 모두 따져서 만든 달력이야.

이슬람 사람들에게는 2000년이 1420년이었어. 이슬람 사람들은 예언자 무함마드가 메카에서 메디나로 이주한 날을 기준해서 날짜를 세기 시작한 이슬람력을 쓰고 있어.

문화는 여행자야

켈트족은 오늘날의 아일랜드, 영국, 스코틀랜드, 프랑스에 살았던 민족으로
10월 31일에 삼하인이라는 축제로 일 년을 마무리하며 11월 1일에 새해를 맞이했어.
축제 때 사람들은 죽은 사람들이 길을 찾을 수 있도록 촛불을 밝히고
집 밖에 제물로 음식과 사탕을 놓아두었어.
이 축제는 켈트족 사람들이 많이 믿던 가톨릭이 전파되면서
가톨릭을 믿는 여러 나라들로 전해졌어. 가톨릭에선 11월 1일을
모든 성인의 날로 정했어. 켈트족의 축제는 아일랜드 사람들이
미국으로 이주하며 미국을 비롯한 멕시코에까지 퍼졌고,
지금은 전 세계의 수많은 나라에서 이 축제를 함께하고 있어.
이 축제의 이름을 한번 맞혀 볼래?
바로 핼러윈이야.
핼러윈은 사람들이 전파시킨 문화 중 하나야!

이민자가 전하는 문화

2020년에 세계의 이민자가 2억 8천만 명이었다고 해.
이민자는 자기가 살던 나라를 떠나 다른 나라로 이주하여 사는 사람이야.
아프리카에서 인류의 조상이 나타난 이후, 사람들은 더 나은 삶을 찾아서 다른 나라로 이주했어.
정치적인 이유나 환경적인 이유, 경제적인 이유로 말이야. 심지어 사랑을 위해 떠나기도 했지.
수많은 이유가 있는데, 분명한 건 이민자들이 자기가 살던 곳의 언어와 문화, 음식, 축제 등을
함께 전파해서 이주한 곳의 문화를 더욱 풍요롭게 만들어 줬어.

한 나라 안에 다양한 문화가 있어

다양한 문화가 이주민들 때문에만 이뤄진 건 아니야.
한 나라 안에서도 고유한 문화와 정체성을 간직한 종족들이 함께 살아. 예를 들면 스페인의 카탈루냐 사람들, 아르헨티나와 칠레의 마푸체족, 프랑스의 코르시카섬 사람들, 오스트레일리아 원주민 등이 있어.
이들은 전통을 유지하고 종족의 언어를 쓰며 세대를 거쳐 문화를 이어 가고 있어.

아시아의 쿠르드족

중동에서 가장 큰 소수 민족이야.
그들만의 나라를 갖기 위해 100년 전부터 싸우고 있어.

북아프리카의 베르베르인

베르베르인이라는 말은 북아프리카의 여러 인종을 가리켜.
이 민족들은 카나리아 제도에서부터 북아프리카의 모로코와 알제리에서 대부분 살고 있어.

브라질의 아마존 원주민들

아마존에는 다른 부족 사람들과 만나지 않고 고립되어 사는 원주민들이 아직도 많이 있어!

남아프리카의 줄루족

줄루족은 한 왕이 지배하는 서로 다른 종족으로 나뉘어져 있는데 모두 줄루 왕국에 속해 있어.

유목민과 정착민

유목민은 물과 풀을 찾아 옮겨 다니며 사는 사람이고 정착민은 떠돌아다니지 않고 일정한 곳에서 머물며 사는 사람이야. 그런데 오늘날에는 유목민과 이주민처럼 지역과 지역을, 나라와 나라를 오고 가지 않아도 세계 여러 나라의 문화를 접할 수 있어. 바로 인터넷을 통해서 말이야.
인터넷으로 연결된 컴퓨터, 핸드폰 화면 안에서 지구 반대편에 사는 나라의 친구와 소통하고 우리 문화를 함께 나눌 수 있어. 우리는 정말 운이 좋아!

몽골의 유목민들

몽골의 초원 지대에는 유목민들이 유르타라고 불리는 천막에서 살며 여름과 겨울에 살기 좋은 곳으로 이동해. 그때마다 유목민들은 유르타를 접어서 양과 염소와 들소 떼를 데리고 간단다.

마푸체족

아주 오래전부터 칠레와 아르헨티나 남부 지역에 마푸체족이 살고 있었어.
마푸체란 말은 땅의 사람이라는 뜻이야.
마푸체족은 마푸둥군어를 써.

칠로에섬의 이사

칠레의 남쪽에 있는 칠로에라는 섬의 주민들은 다른 곳으로 이사를 갈 때 집을 갖고 떠나.
집을 그대로 들고 말이야! 이사하는 날 이웃들이 소들을 데리고 와서 집을 통째로 옮기는데, 이들은 바다를 건너기까지 한단다. 놀랍지 않니?

2 다양한 종교

칠레의 예술가 비올레타 파라는 "인간은 영혼과 육체로 이루어져 있다."고 말했어.
인간의 정신적인 부분이 육체만큼 중요하다는 것을 넌지시 이야기하는 말이지.
많은 사람들이 '왜 살아야 하는지, 어떻게 살면 좋은 삶인지, 다른 사람과 어떻게 지내야
만족할 수 있는지, 내 마음을 어떻게 다루면 좋을지.'와 같은 질문의 답을 종교에서 찾아.
세상에는 4천5백 개 이상의 종교가 있어. 대부분 지혜와 선, 연대와 정의 같은 이상에
바탕을 두고 있지.
우리가 믿는 종교는 우리가 태어나고, 살아가는 환경에 따라서 정해지는 경우가 많아.
모든 종교에는 예식이 있고 예배하는 장소와 영적인 지도자가 있어.
오직 하나의 신만 믿는 종교가 있는 반면에 수많은 신이 있는 종교도 있어.
어떤 종교에선 어떻게 옷을 입고 무엇을 언제 어떻게 먹어야 할지까지도 정해 준단다.
거의 모든 종교에 신의 말을 예언하는 사람이 있어. 어떤 종교는 구원자를 기다리고
또 다른 종교에선 이미 구원자가 세상에 왔다고 믿고 있어.
구원자는 어려움이나 위험에 빠진 사람을 구해 주는 사람이야.
몇몇 종교에는 거룩한 도시나 장소, 즉 성지가 있어.
가끔 어떤 사람들은 자기가 믿는 종교가 제일이라고 하거나
종교가 있는 사람이 더 낫다고 하는데 그건 옳지 않아.
모든 종교를 존중해야 해.
종교가 다르다고 해서 고통을 받는 일은 없어야 해.

종교의 기원

눈을 감고 몸을 뒤척이며 잠을 청하는데, 잠은 안 오고 머릿속엔 '사람은 어디에서 어떻게 왔는지, 영원한 잠에 빠지면 어떻게 되는지.'와 같은 질문이 끝도 없이 떠올라. 넌 그런 적이 없니?

종교는 특정한 의식을 치르며 사람들의 삶의 방식과 가치관에 영향을 끼쳐. 때로는 종교가 삶과 죽음에 대한 여러 질문에 답을 주기도 하지.

세계의 종교들

세계에서 가장 많은 사람들이 믿고 있는 종교가
기독교, 유대교, 이슬람교, 힌두교 그리고 불교야.

불교

석가모니가 불교의 창시자야.
석가모니의 원래 이름은 '고타마 싯다르타'이고
석가모니는 '석가'족에서 깨달음을 얻은 사람을
표현하는 말이야. '모니'가 깨달음을 얻은 사람을
뜻하지. 석가모니는 '붓다' 또는 '부처'라고도 하는데
이는 불도를 깨달은 성인을 뜻해. 불교에는 이 세상을
창조한 신이 존재하지 않아. 그리고 모든 생명체는
죽은 후에 다시 태어난다고 믿어.

붓다

기독교 ✝

2천 년 전 유대교에서 출발한 종교야.
유일신의 아들이며 메시아인 예수의 생과 가르침,
기적에 바탕을 두고 있어. 유일신은 오직 하나밖에
없는 신을 말해.
기독교에서 가장 잘 알려진 종교는 가톨릭, 정교회
그리고 개신교야.

예수

유대교 ✡

세계에서 오래된 종교 중 하나이며 유일신을 믿는 종교야.
세상을 창조한 유일신을 숭배하거든.
유대교를 믿는 사람들은 메시아가 이 세상에 평화와 행복을
가져다줄 것이라고 믿고 있어. 메시아는 세상을 구원하는
사람이야. 유대교에서는 신자들에게 반드시 지켜야 할
계명을 알리며 어떻게 살아야 할지를 알려 줘.

모세

힌두교 ॐ

서로 다른 전통적인 종교들로 이뤄진 다신교야.
수많은 신과 여신들을 섬기고 있어.
힌두교도들은 환생을 믿어. 그러니까 죽음 이후에
새로운 삶이 시작된다고 믿는 거야.
가네샤는 코끼리 머리를 한 지혜와 행운의 여신이야.

가네샤

이슬람교 ☪

7세기 초에 발생된 종교야. 이슬람교도들은 알라라고
불리는 유일신을 믿어. 그들의 경전은 코란이라고 해.
이슬람교에서는 하나님이 특별한 사람에게만 이야기를
한다고 믿어. 그리고 그 사람을 예언자라고 해.
이슬람교를 믿는 사람들을 무슬림이라고 하는데
무슬림은 '절대로 순종하는 사람'을 말한단다.

코란

신들과 예언자들

종교적 상징으로서의 물

수많은 종교에서 물은 무척 중요한 상징이야.
힌두교 사원 가까이에는 죄를 씻어 버린다는 의미로 몸을 씻을 수 있는 물이 있어.
이러한 물은 이슬람교 사원 옆에도 있어.
가톨릭 성당에도 부정한 것으로부터 몸을 보호해 준다고 믿는 성수가 있어.

유대인의 언어인 히브리어에서 물은
'멤(mem)' 이라고 하는데 '어머니와 자궁'
또는 '만물의 원천'이라는 뜻이야.
유대인들에게 가장 중요한 예언자인
모세는 나일강에서 발견되었어.
그래서 '물에서 구원되었다.'라는 뜻의
'모세'라고 불린 거야.

종교에서 신의 형상

종교의 근원에는 지극히 높은 존재이며 거룩함과 신성을 나타내는 신에 대한 믿음이 있어. 종교마다 신은 다른 이름을 가지고 있고, 어떤 종교는 하나의 신이 아닌 수많은 신을 섬기지. 예를 들면 힌두교에는 코끼리와 태양 등 자연을 이루는 수많은 것들의 모습을 본딴 많은 신들이 있어.

예수는 기독교인들에게는 신의 아들이고 요단강에서 세례 요한에게 세례를 받았어. 세례는 모든 죄악을 씻는 표시로 이뤄지는 의식이야.

종교의 예언자들

예언자라는 말은 히브리어에서 유래되었는데 '신의 통역사'라는 뜻이야.
이슬람교를 창시한 무함마드가 40세가 되었을 때 사막에서 가브리엘 천사를 만나 신의 계시를 받았대. 석가모니는 예언자는 아니지만 2,500년 전에 살았던 위대한 현인으로 여겨져. 석가모니는 인도 왕족으로 태어났는데 모든 것을 버리고 여행을 했어.
그의 가르침에서 불교가 탄생했는데 불교는 종교이면서도 하나의 삶의 철학으로 여겨져.

의식과 상징

종교마다 수많은 상징적 가치를 지닌 예식이 있어.
네가 종교가 있다면 그 종교의 예식을 알고 있니? 다른 종교 예식에 참여해 본 적이 있니?

유대교의 할례

유대인의 남자 아기는 태어난 지 8일이 되는 날, 생의 첫 번째 의식인 할례를 받게 돼. 성기 끝의 살가죽을 잘라 내는 거야. 할례는 하나님의 백성이 되었다는 약속의 표시야.

첫영성체

가톨릭 신자 아이들은 조금 자라면 무척 기대에 차서 첫영성체를 하게 돼. 첫영성체는 세례를 받은 사람이 처음으로 성체를 모시는 거야. 성체는 예수의 몸을 말해. 첫영성체를 받는 날에 아이들은 포도주에 적신 빵을 먹어. 이는 예수를 받아 모신다는 뜻이야.

영적인 안내자들

종교마다 가르침을 전하고 수행을 안내하는 사람들이 있어. 가톨릭에서는 사제들이고 유대교에서는 랍비라고 해. 이슬람교에서는 이맘이고 힌두교에서는 구루라고 해. 무척 현명하다고 여겨지는 사람들이야.

유대인의 조상 아브라함

태국에서 절에 사는 승려들은 붉은색 또는 자홍색의 장삼을 입고 삭발을 해.

종교적 상징

종교마다 사람들이 모여 의식을 치루는 곳이 있어. 교회와 절, 사원이라고 달리 부르는데 저마다 독특한 모양과 상징물이 있어. 이는 수많은 예술가가 시를 쓰고 그림을 그리는 데 영감을 줬어.

기독교

예수 그리스도의 수난과 부활, 승천 이후로 십자가는 기독교의 상징이 되었어.

교회

힌두교

왼쪽 사원 그림에서 문 위에 적힌 글자는 '옴'이라는 말로 힌두교의 상징이야. 힌두교도들에게 지극히 높은 분과의 일치, 몸과 정신, 영혼의 일치를 나타내.

사원

불교

여덟 개의 바퀴살로 이뤄진 수레바퀴 모양의 법륜은 불교의 상징이야. 이는 부처의 가르침과 정신적 평화와 빛에 다다르기 위한 길을 상징해.

이슬람 사원 모스크

이슬람교

이슬람교의 초승달은 장수와 신성, 고귀함을 나타내.

절

유대교

유대교에서 다윗의 별은 평화와 균형, 보호를 상징해.

유대교의 예배당 시나고가

종교마다 다른 의식

유대인의 결혼식

유대인의 결혼식에서는 신랑과 신부가 함께 유리를 발로 밟아서 깨트리고, 신랑과 신부가 앉은 의자를 손님들이 높이 들어 올려. 전통적인 축하 의식이야. 돼지고기는 절대로 먹지 않아. 왜냐하면 이슬람교에서 돼지고기는 부정하고 더러운 것으로 여겨지기 때문이야.

유대교의 새해 명절 로쉬 하샤나

유대인들은 유대 민족의 역법인 유대력에 따른 새해 첫날을 로쉬 하샤나라고 하며 축제를 열어. 최초의 인간 아담과 하와를 기념하는 축제야. 이틀간의 축제에서 사람들은 꿀을 넣은 사과와 석류를 먹어. 유대력을 따르면 새해 첫날이 9월이나 10월이야.

힌두교의 봄 축제 홀리

"색색의 가루와 액체를 뿌리면서 봄을 축하해. 모든 것은 마법처럼 아름다워. 음악이 울리고 우리는 온몸에 예쁜 색을 칠하고 춤을 춰."

아르티, 힌두교

유대교의 안식일

"나는 금요일이 정말 좋아. 가족들과 친구들이 함께 모여 촛불을 켜고 빵과 포도주를 나누며 축복하거든. 금요일 첫 별이 떠오르는 순간에 휴식의 시간이 시작되는 거야. 금요일에 해가 진 후부터 토요일 첫 별이 떠오를 때까지를 안식일이라고 불러."

다비드, 유대교

불교의 석가 탄신일

"부처의 탄생을 축하하는 기념일이야. 여러 나라에서 다양한 방식으로 이 날을 축하해. 색색의 종이로 만든 연꽃 모양의 등을 만들어서 거리에 걸어 두거나, 석가 탄신일에 절에 가서 혹은 집에서 아침, 저녁으로 절을 하거나 수행을 한단다."

다르마, 불교

가톨릭의 크리스마스

"나는 크리스마스 축제가 정말 좋아. 부모님과 형제자매, 할머니 할아버지 모두 함께 모여서 아기 예수의 탄생을 축하해. 함께 미사에 참석하고 나서 무척 맛있는 저녁 식사를 하고 선물을 주고받아."

카밀로, 가톨릭

기도와 죽음

기도와 명상

종교마다 신과 만나고 영성의 세계로 들어가기 위해 기도하고 명상하는 방법이 달라.
여러 사람이 모여서 혹은 혼자 기도를 해.
이슬람교에서 '살라트'는 하루에 다섯 번 하는 기도야. 이때 기도는 5분을 넘기지 않아.
이슬람교도들은 신발을 벗고 기도하는 방석에 앉아서 이슬람교에서 신성한 도시로 여기는
메카를 향해 여러 번 절을 하면서 기도를 해.
불교 신자들은 명상을 하거나 요가를 하며 수행하거나 불상을 향해 절을 하고 기도를 해.

십자가

"할아버지께서 하늘나라로 가시기 전에 우리 손자들에게 나무로 된 십자가를 선물로 주셨어. 할아버지 생각이 날 때마다 나는 그 십자가를 잡고 눈을 감아."

엘리사, 가톨릭

죽음

가톨릭 신자들, 유대인들, 이슬람교도들, 불교 신자들, 힌두교 신자들 모두에게 죽음은 새로운 삶으로 가는 통로일 뿐이야.

유대인의 이별

"할머니께서 돌아가시고 나서 우리는 제일 먼저 할머니의 눈을 감겨 드리고 몸 위에 천을 덮고서 할머니 주위에 촛불을 켰어.
아주머니들이 할머니 몸을 깨끗이 씻겨 드리고 '타치리치'라는 흰색 겉옷을 입힌 다음, 어떤 물건이나 보석 없이 할머니를 넣은 나무 관 '아론'을 땅에 묻어.
왜냐하면 우리 유대인들은 사람이 신에게 행동과 덕행으로 심판을 받지, 물질적인 부에 의해 심판을 받는다고 생각하지 않기 때문이야.
우리는 할머니와의 이별이 슬프지만 죽음 이후에 새로운 삶이 펼쳐질 거라고 믿어."

데보라, 유대교

갠지스강에서의 죽음

힌두교를 믿는 사람들에게 갠지스강은 삶의 시작과 끝이고, 죽음은 영원히 다른 형태로 다시 태어나는 것이야. 누군가가 죽으면 색깔이 있는 겉옷을 입고 수많은 꽃으로 장식을 해. 그러고 나서 갠지스강에 몸을 적셔. 화장하기 전에 깨끗하게 정화시키는 거야. 이 강에서 죽음을 맞이하면 모든 죄가 없어진다고 믿어.

3 다양한 성

우리는 자신에 대해 아주 천천히 하나씩 알아가.
처음에는 작고 통통한 손이 사탕인 줄 알고 입으로 가져가며,
발이 자기 것인지도 모르는 채 바라보지.
한 살이 되면 거울에 비친 모습을 바라보고 동시에 똑같이 움직이는
그 인물이 자신이라는 사실을 알게 돼.
우리의 몸은 자라면서 점점 변해.
자기가 무엇을 좋아하고 싫어하는지, 날 기쁘게 하는 게 무엇인지,
어떤 게 고통스러운지 알게 돼.
또한 누가 마음에 들고, 어떻게 옷을 입으면 좋을지, 어떤 놀이와 장난감이 좋은지 등을
알게 되며 자기 정체성을 확립하지.
정체성은 자신의 변하지 않는 본질로 영어로 아이덴티티라고 해.
자신을 발견하는 일은 세상에 유일무이한 존재를 탐험하는 거야.
저마다 다른 존재 말이야.
이 과정에서 자기의 성을 이해하고 받아들이기가 쉽지 않을 때도 있어.
하지만 우리가 사는 시대엔 여러 방식으로 자신의 성 정체성을 표현할 수 있고
이를 존중해야 모두가 자유롭고 행복하게 살 수 있다는 것을 알게 되었어.
다양한 성 정체성에 대해서 함께 알아보고 우리가 더욱 노력해야 할 일들이
무엇인지 생각해 보자!

젠더

여자는 직업을 가질 수 없고, 집에서조차 의견을 내거나 결정에 참여할 수 없는 나라가 있어.
오직 남자만이 중요하고 의미 있는 사람이라고 믿기 때문에 말이야.
또 어떤 나라에서는 아기가 태어나면 남자가 일을 그만두고 아기를 돌봐.
이처럼 어떤 사회에서 성별에 따라 부여하는 역할과 행동을
사회적으로 정의 된 성, '젠더'라고 불러.

다양한 성적 지향

성적 지향은 내가 여성을 좋아하는지,
남성을 좋아하는지를 말해.
이성 또는 동성, 동성과 이성 모두를
좋아할 수도 있어.

뇌에서 성별 정체성이 결정돼

성별 정체성은 스스로 남성인지, 여성인지
인식하는 성이야.
자신의 생물학적인 성과 같은 수도 있고
다를 수도 있어.

성 역할

우리가 사는 사회의 문화와 전통을 통해
여성적인 것과 남성적인 것을 구분해서
정의한 역할을 말해.

생물학적인 성

신체에 나타나는 특징으로 구분하는 성이야. 성염색체가 XX염색체면
여성, XY염색체면 남성으로 생물학적인 성이 결정돼.
신체에 음경이 있으면 남성, 질이 있으면 여성으로 구분해.

태어나기 전의 성

아기가 태어나기 전부터 부모는 아기를 맞이할 준비를 해.
그러면서 엄마 배 속에 있는 아기가 여자아이일지, 남자아이일지 궁금해 하지.
이름도 지어 보면서 말이야. 하지만 아기가 남자일지 여자일지는 우리가 마음대로 정할 수 없어.
그런데 각각의 문화마다 남자인지, 여자인지에 따라 기대하는 바가 달라.
어떤 문화권에서는 남자아이가 태어나기를 더 바라며 여자아이보다 남자아이를 더 귀하게 여기기도 해.
그래서 남자아이가 태어나기를 바라며 약을 지어 먹거나 기도를 드리기도 해.

여자아이 놀이? 남자아이 놀이?

어떤 여자아이들은 나무에 오르기를 좋아하고 축구를 좋아해. 또 어떤 남자아이들은 축구와 인형 놀이를 좋아하지.
넌 어때? 여자아이 놀이와 남자아이 놀이가 따로 있다고 생각하니?

우리의 성은 신체적인 성이 전부가 아니야. 우리가 스스로를 어떤 성으로 느끼고 어떻게 표현하는지도 중요하단다. 물론 사회에서 남성과 여성에게 요구하는 역할도 무시할 수는 없겠지만 말이야.

넌 뭘 하고 노는 게 제일 좋아?

아래 질문은 우리 문화가 남성과 여성을 어떻게 정의하는지 알아보기 위한 거야.

남자아이들의 방은 어때?
여자아이들의 방과 다른 점이 있어?
여자아이들은 어떤 선물을 자주 받아?
남자아이들은?
주변에서 남자와 여자의 다른 점을 발견할 수 있어?

태어날 때의 성

아기가 태어나자마자 가장 먼저 하는 일 중의 하나가
아기의 몸을 보고서 성별을 파악하는 거야.

태어날 때 양성의 특징이 모두 나타난 경우

어떤 아기들은 신체적인 성을 나타내는
생식기가 덜 발달되어서 태어났을 때
성별을 결정할 수 없는 경우가 있어.
이럴 때는 성장할 때까지 기다려야 해.

남성도 여성도 아닌 성을 제3의 성이라고 하는데
네팔이 2011년에 세계 최초로 제3의 성을 국가에서
공식적으로 인정했단다. 현재 독일, 인도, 파키스탄,
방글라데시, 뉴질랜드, 호주, 덴마크, 몰타에서도
제3의 성을 공식적으로 인정하고 있지만 신분증에
표기하는 것에 대한 의견이 분분해.

트랜스젠더

자신의 신체에 나타나는 생물학적인 성과 스스로 인식하고 지향하는 성이 일치하지 않는 사람을 트랜스젠더라고 해. 트랜스젠더 중에서 생물학적인 성을 자신이 원하는 성별로 바꾼 사람을 성전환자라고 불러.

칠레에서는 말이야

2018년부터 14세에서 18세 사이의 트랜스젠더 청소년들이 부모의 허락을 받으면 자신이 지향하는 성에 맞는 이름으로 바꿀 수 있어.

다양성 안에서의 교육

칠레에서는 성 소수자 학생들이 소외받지 않도록 학교에서 교복을 성별에 따라 구분하지 않고 동일하게 입도록 하고, 머리도 자기 취향에 맞게 기르거나 짧게 자르거나 할 수 있게 허락해 준대.

너희 학교는 어떠니?

이 질문에 대한 대답은 무척 중요해.
모든 학생이 학교생활을 통해 사랑받고 격려를 받아야 하니까 말이야.
어떠한 이유로도 차별을 받거나 괴롭힘을 받아서는 안 되는데,
여전히 자신의 성 정체성을 숨기고 살아야 하는 아이들이 있어.

커밍 아웃

성적 지향이 다수에 속하지 않는 사람을 성 소수자라고 하는데 커밍 아웃은 성 소수자가 스스로 자신의 성적 지향이나 성 정체성을 공개하는 거야.

동성에게 사랑을 느끼는 사람을 **동성애자**라고 해.

여성에게 사랑을 느끼는 여성을 **레즈비언**이라고 해.

남성에게 사랑을 느끼는 남성을 **게이**라고 해.

이성애자는 나와 다른 성에게 사랑을 느끼는 사람을 말해.

양성애자는 여성과 남성 모두에게 사랑을 느끼는 사람을 말해.

잘못된 믿음을 무너뜨리다

성에 대한 잘못된 믿음이 진실인 것처럼 전해지기도 해.
마치 민속 신앙처럼 말이야.
하지만 잘못된 믿음은 강력한 진실과 마주하면 비눗방울처럼 부서질 거야.
이러한 잘못된 믿음이 왜 만들어졌다고 생각해?
우리가 다르다는 것을 막연히 두려워하기 때문일까?
어떻게 하면 잘못된 믿음을 무너뜨릴 수 있을까?

❌ 잘못된 믿음 / ✅ 현실

× "동성애 커플은 아이들을 동성애자로 키울 것이다."

✓ 성적 지향은 배우는 것도 아니고 유전되는 것도 아니다. 왜 수많은 게이와 레즈비언의 부모는 이성애자들일까?

× "동성애와 양성애는 병이어서 고칠 수 있다."

✓ 동성애와 양성애는 병이 아니다. 성적 지향일 뿐이다.

× "이성애가 자연스러운 것이다. 왜냐하면 동물의 왕국도 그러하니까."

✓ 콘도르, 펭귄, 곰, 오리, 사자, 개, 기린 등 450종 이상의 동물들이 수컷끼리, 암컷끼리 짝짓기를 한다.

× "게이들은 여성스럽고 레즈비언들은 남성스럽다."

✓ 게이와 레즈비언, 이성애자들 모두가 남성적인 행동과 여성적인 행동을 할 수 있다.

퀴어 행진

레즈비언과 게이, 트랜스젠더, 양성애자 등 성 소수자들이 자긍심을 높이고 권리를 인정받기 위해 세계 곳곳에서 6월 마지막 주말에 벌이는 행진이야.
성 소수자의 권리와 긍지를 나타내는 레인보우 플래그라 부르는 무지개색 깃발로 거리가 뒤덮인단다.

4 다양한 가족

아기가 태어나 처음으로 온 가족과 만나는 날.
아기는 자기를 안아 주고 먹여 주고 옷을 입혀 주며 보살피는 사람을
호기심에 가득 찬 눈으로 바라보지.
아기를 보호하고 돌보는 사람은 부모 혹은 할아버지와 할머니일 수도 있어.
때로는 두 여자, 두 남자 혹은 한 여자, 한 남자만 있을 수도 있어.
가족의 형태는 굉장히 다양하고 여러 모습으로 변할 수도 있어.
가족 수가 늘어나기도 하고 적어지기도 하면서 말이야.
부부가 서로 헤어지기도 하고 새로운 사람을 만나 새 가족이 되기도 해.
가족의 형태는 나라와 시대에 따라 달라지는데, 가족이 서로 기쁨과 고통을 함께하며
비밀을 나누는 사이란 것은 변하지 않아.

어떤 형태의 가족을 알고 있니?

너희 가족의 특별한 점은 뭐야?

가족의 의미

가족은 사전적인 의미로는 주로 부부를 중심으로 혈연, 입양으로 이뤄진 사람들의 집단을 말해.
입양은 혈연이 아니지만 법적으로 부모, 자녀 관계를 맺는 거야.
그런데 세상에는 사전적인 의미의 가족 이외에 다양한 형태의 가족이 있어.

가족의 역사

인류가 가족을 이루고 동물을 사냥하고
곡식을 기르면서 많은 게 변하기 시작했어.
사람들은 글자와 숫자를 발명했고
도시를 만들었어.
지구에는 수십억 명의 사람들이 살게 되었고
시대와 장소에 따라 다양한 방식으로
삶을 이어 왔어.

동물의 가족 사랑

가족으로 모여 사는 것은 인간만이 아니야!
여러 동물들도 먹을 것을 구하고 새끼들을 키우고
포식자들로부터 자신들을 보호하고 종의 생존을
이어 가려고 모여 살았어.
예를 들어 '티티원숭이'는 두 마리에서 열다섯 마리 정도가
집단을 이루고 살아. 수컷, 암컷 그리고 새끼들로 이뤄졌어.

고대 그리스 가족의 삶

고대 그리스에서는 남자와 여자가 가족을 이루면
같은 집에서 살지만 서로 떨어져서 지냈어.
여자들은 거의 밖에 나가지 않고 어린 아이들을 돌봤어.
남자는 밖에 나가 정치 활동을 했단다.

마푸체족의 대가족

수백 년 전에 칠레의 원주민 마푸체족은 식구들의 수가 많은 대가족을 이루며 살았어. 그래서 그들이 사는 집도 광장히 컸단다.

과거에 많은 문화권에서 여자는 주로 집에 머물며 아이를 돌보고 집안일을 했어. 할머니와 할아버지와 함께 살고 아이들이 여럿인 집도 흔했지.
현재는 사회에 나가 일하는 여자들이 많아졌고 많은 가정이 부부 혹은 부모와 자녀로만 이뤄진 핵가족 형태를 이루고 있어. 자녀를 낳지 않기로 결정한 가족도 예전보다 많아졌어. 한국은 1960년대만 해도 '합계출산율'이 6.0명이었는데 2021년엔 0.81명으로 줄었어. 합계출산율은 출산이 가능한 여성이 평생 낳는 자녀의 수를 말해.

세계에서 가장 큰 대가족

지오나 차나는 인도에서 살아. 세계에서 가장 큰 대가족의 아빠야. 39명의 부인들이 있고 자식들과 손자들까지 한 집에서 살아. 모두 몇 명인지 아니? 163명이야! 그의 집은 호텔만큼 크고 매 식사 때마다 쌀 40킬로그램과 콩 15킬로그램 또는 고기 40킬로그램이 쓰인대.

가족의 모습이 달라지고 있어

오늘날 사람들은 자식을 낳을지 말지, 몇 명의 아이를 가질지,
결혼을 할지 말지, 계속 결혼 생활을 유지할지 아니면 이혼을 할지 등등
다양한 선택을 하며 살아.

수컷들 사이의 사랑

검은 백조들 네 쌍 중에 한 쌍은
수컷들끼리 가족을 이뤄.
이들은 함께 알을 부화시키려고
암컷들의 둥지에서 알을 훔치곤 해.
홍학들도 마찬가지야.

동성 부부

얼마 전까지만 해도 부부는 서로 다른 성별의 남녀로 이루진다고 생각했어.
하지만 변화가 곳곳에서 일어나고 있어.
2000년부터 네덜란드는 동성 결혼을 허락했고 동성 부부에게도 입양을 허락했어.
2019년 이후 세계 194개국 중 27개국에서 동성끼리 결혼할 수 있고
입양할 수 있게 되었어.

새로운 가족들!

동성 부모로 이뤄진 가족

일부 나라에서는 두 남자 또는 두 여자로 이뤄진 부부가 자녀를 입양하거나 의료 기관의 도움을 받아 자녀를 가질 수 있어.

남아메리카의 변화

2017년 이후 아르헨티나, 우루과이, 브라질, 콜롬비아, 멕시코에서 동성 부부의 결혼과 그들의 자녀 입양을 법으로 허가했어.

입양 가족

자기가 낳은 아이가 아니지만 입양을 해서 자녀로 키우는 입양 가족이 있어. 아이를 돌볼 수 없는 형편의 부모에게서 태어난 아이 또는 부모가 없는 아이가 입양이 될 수 있어. 입양을 통해 부모가 없는 아이와 자녀를 원하지만 자녀를 낳을 수 없는 부모가 만나는 거야.

이혼 가족

부부로 함께 살기를 그만두는 것을 이혼이라고 해. 이혼 가정에서 엄마와 아빠는 따로 살아. 아이들은 생일이나 방학, 주말 또는 주중에 날을 정해서 함께 살지 않는 부모를 만난단다.

위탁 가족

아이들이 입양될 때까지 또는 친부모에게 돌아갈 수 있을 때까지 맡아서 돌보아 주는 위탁 가정이 있어. 보호 가족이라고도 해.

새롭게 모인 가족

이혼 가정끼리 새롭게 모여서 가정을 꾸릴 수 있어. 이미 자녀가 있는 경우도 가능하지. 이러한 가족 안에서 어른들과 아이들은 함께 사는 법과 기쁨과 슬픔, 질투까지도 함께 나누는 법을 배울 거야. 새로운 형제자매가 태어날 수도 있지.
그렇게 가족이 계속 늘어나는 거야.

안녕! 나는 페드로야. 카를라와 마르셀로의 아들이야. 안토니오는 내 형이야.
그런데 나에게는 또 다른 형제 훌리안과 마리아가 있어. 우리 엄마인 카를라가 내 아빠인
마르셀로를 만나기 전에 에스테반과의 사이에서 낳은 자식들이야. 우리 아빠는 엄마와 이혼하고
가브리엘라와 재혼을 했어. 그리고 두 사람 사이에서 마누엘과 니나가 태어났어. 내 동생들이야.

핵가족

전통적인 핵가족은 아빠, 엄마 그리고 한 명 또는 그 이상의 자녀로 이뤄졌어. 종교적인 그림에서 가장 유명한 핵가족이 바로 마리아와 요셉과 아기 예수야.

핵가족이나 대가족, 입양 가족, 한 부모 가족, 동성 부모 가족, 결혼한 부부의 가족, 결혼 없는 동거 가족, 이혼 가족 등등 다양한 형태의 가족이 있어.

대가족

대가족은 식구 수가 많은 가족이야.
우리나라에선 부부가 부모를 모시고 자녀와 함께 사는 가족을 대가족이라고 해.
불과 몇십 년 전만 해도 우리나라에서 흔히 볼 수 있는 가족의 모습이었단다.

한 부모 가족

아버지 또는 어머니와 자녀로 구성된 한 부모 가족도 있어. 부부가 이혼을 하거나 남편이나 아내가 병이나 사고로 죽어서 한 부모 가족이 되거나 결혼하지 않고 자녀를 혼자 키우면서 한 부모 가족을 이루기도 한단다.

현재 중국은 세계에서 가장 인구가 많은 나라야. 무려 14억 명이 넘어.
그런 중국에서 1979년부터 지나친 인구 증가를 막으려고 부부가
오직 한 명의 자녀만 낳을 수 있게 법으로 규제했다는 것을 알고 있니?
2013년에 이 법이 바뀌어서 오늘날에는 두 명의 자녀를 낳을 수 있게 되었어.

동성 부부는 인공 수정 또는 체외 수정을 통해 자식을 가질 수 있어. 의학 기술이 발달했지만 어느 쪽도 쉬운 일이 아니란다.

5 다양한 장애를 가진 사람들

유전적으로 혹은 병에 걸리거나, 사고로 인해 걷거나 뛰고, 말하거나 듣는 일이
어려운 사람들이 있어. 또 자기의 생각을 정확하게 표현하고 감정과 몸을
마음대로 조절하기 어려운 사람들도 있지.
그런데 대부분의 사회에서 학교와 도서관, 백화점과 같은 여러 공간과
버스와 지하철과 같은 교통 시설을 마련할 때 이들의 입장을 고려하지 않아.
그래서 누군가에겐 편한 공간과 시설이 어떤 사람들에겐 이용하기 어려운 공간과
시설이 되는 거야.
이러한 불평등한 차별이 어쩔 수 없는 일이라고 생각하니?
인간은 누구나 자유와 평등을 누리며 차별받지 않고 살아야 해.
이는 반드시 지켜야 할 인간의 권리야. 그러므로 장애를 가진 사람들이 받는
불평등한 차별을 없애려면 사회 공간과 시설을 그들도 편하게 이용할 수 있게 개선해야 해.
또한 이들의 인권을 보호하기 위해 제도적으로도 많은 부분이 뒷받침되어야 하며
동시에 사회 구성원들이 다른 사람을 인정하고 인권을 존중하는 성숙한 시민 의식을 가져야 해.
영국의 물리학자인 스티븐 호킹은 근육이 점점 마비되는 루게릭병으로
몸을 거의 움직일 수 없게 되었어. 그러나 그는 우주와 우주의 신비에 대한 책을 써서
과학의 발전을 이끌었어. 또 멕시코의 화가 프리다 칼로는 소아마비와 교통사고로
큰 고통을 겪었지만 그녀만의 경이로운 그림으로 세계적인 명성을 떨쳤지.
누구나 자기가 가진 재능을 펼치고 인간다운 삶을 살 수 있어야 해.
그러려면 다름이 차별의 이유가 되어서는 안 된단다.

수화를 알고 있니?

수화는 손과 손가락의 모양, 손바닥의 방향, 손의 위치와 움직임을 달리 해서 의미를 전하는 언어야.
모든 사람이 수화를 안다면 청각 장애가 있는 사람들과도 쉽게 소통을 할 수 있을 거야.
세계적으로 쓰이는 알파벳 수화를 가르쳐 줄게!

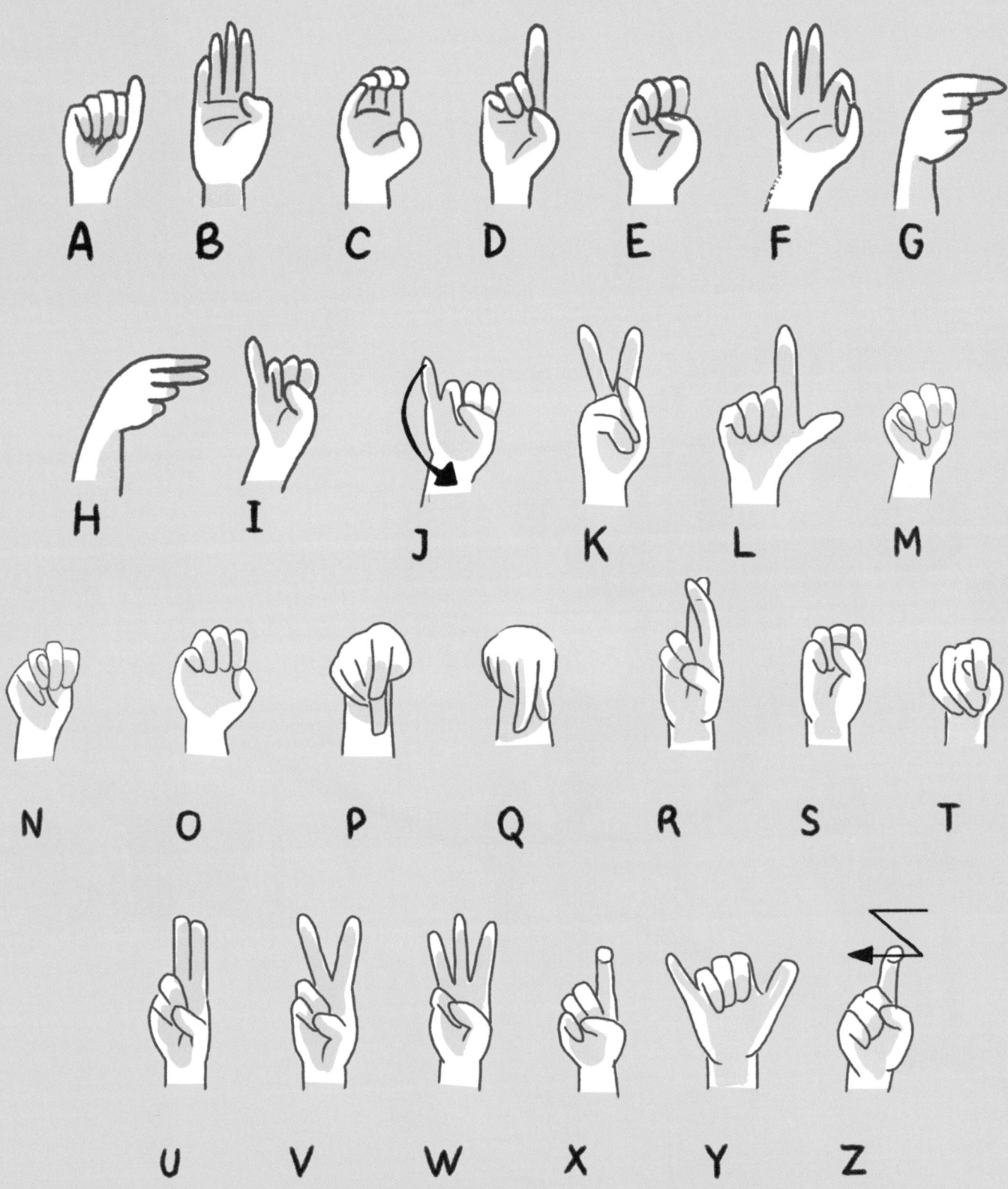

무슨 말인지 한번 읽어 봐.

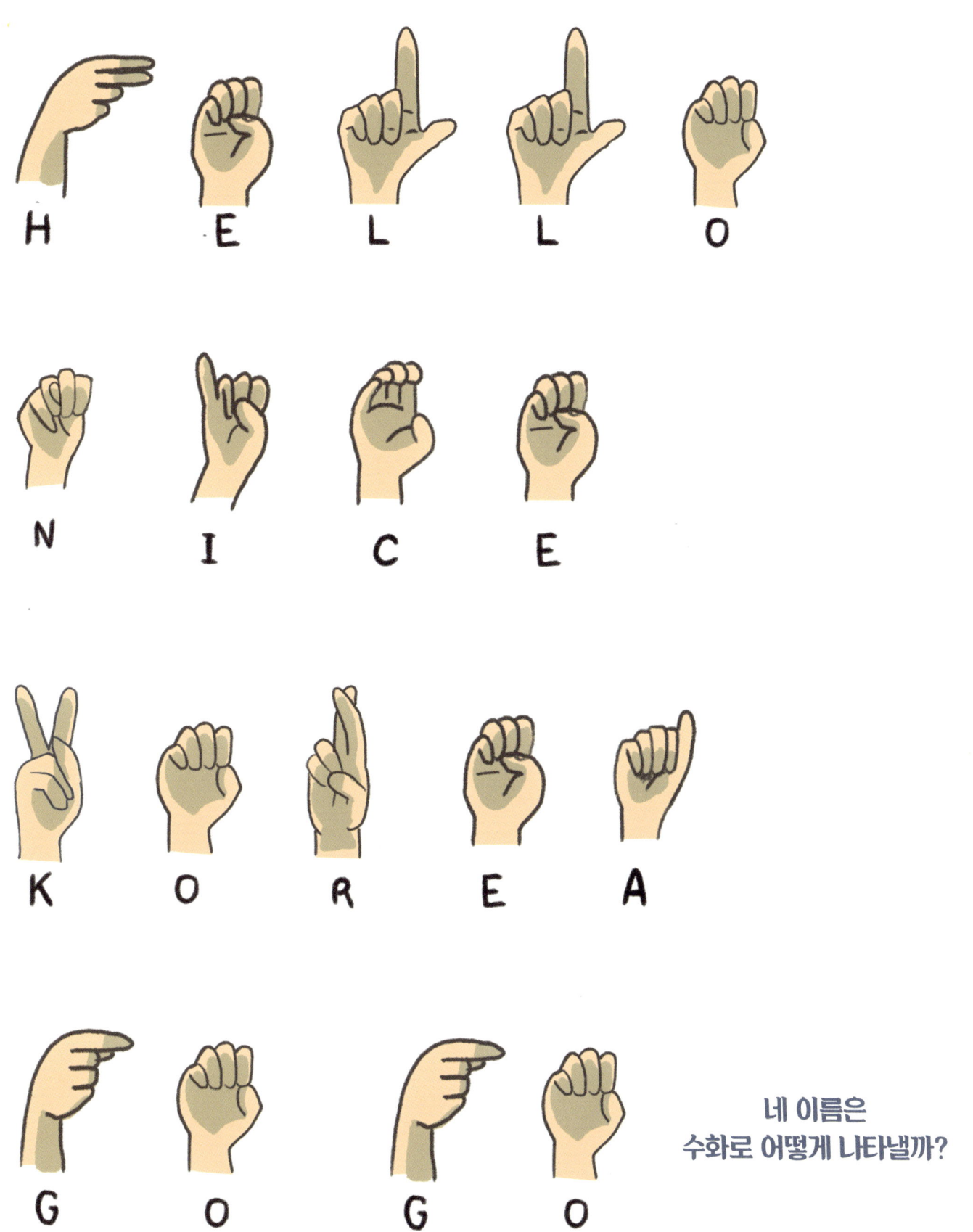

네 이름은
수화로 어떻게 나타낼까?

답
인사(Hello) / 만나서(Nice) / 한국 (Korea) / 가자 (Go go)

장애를 가진 사람들의 이야기

사람들이 일상생활에서 아무 생각 없이 하는 일들이 있어.
왜냐하면 너무 익숙한 일들이라 힘들이지 않고서도 할 수 있는 거야.
아침에 침대에서 일어나기, 목욕하기, 식사하기, 친구들과 놀기,
집에 돌아오는 버스 타기, 계단 오르기, 텔레비전 시청하기, 일하러 가기,
도시를 걸어 다니기 등등 말이야. 하지만 이런 일들이 모든 사람에게 쉬운 것은 아니야.

실명

"내 이름은 라우라야. 내가 아주 어렸을 때는 사물의 색과 형태가 보였어.
하지만 지금은 사물의 색과 형태를 볼 수 없어.
난 눈으로 볼 수 없는 세상을 향기나 온기와 같은 것으로 느껴.
손끝으로 사물을 만져서 형태를 짐작해 보면서 말이야.
엄마한테선 신선한 풀 향기가 나고 엄마 목을 끌어안으면 따뜻함이 느껴져."
실명은 시력을 완전히 잃어버리는 거야. 사고를 당하거나 병에 걸려서 또는 나이가 들어서
실명할 수 있어. 또 태어나면서부터 보지 못하는 사람들도 있어.
이미지에 대한 기억이 하나도 없는 시각 장애인도 꿈을 꿀 수 있어. 이때 꾸는 꿈은
냄새와 소리 등 시각을 제외하고 느낄 수 있는 모든 감각으로 이루어진대.

세계적으로 유명한 시각 장애인 음악가들이 있어. 스티비 원더는 미국의 가수이며 작곡가이자 음악 프로듀서로 드럼과 베이스, 하모니카와 피아노를 연주하며 노래하지. 호세 펠리치아노도 역시 가수이자 작곡가이며 기타리스트인데 600곡 이상의 노래를 녹음했어.

점자

점자는 시각 장애인들이 손끝으로 만져서 읽을 수 있게 도드라진 점들을 일정한 방식으로 배열한 문자야. 눈을 감고 점자를 읽어 보려고 해 봐. 엘리베이터 버튼에 있는 점자를 만져 봐. 점자로 층수를 나타냈거든. 점자가 표기된 키보드, 전화기, 책도 있어.

도시에서 적응하기

복잡한 도시에서 시각 장애인들은 지팡이나 안내견의 도움을 받아. 신호등에 설치된 음향 신호기를 이용하고 길바닥에 표시된 점자 블록을 시각 장애인용 지팡이로 확인하며 길을 찾아갈 수 있어. 하지만 이러한 시설이 충분한 것은 아니야.

자폐 스펙트럼 장애

"내 이름은 아만다야. 아홉 살이야. 부모님과 여동생과 함께 새 집으로 이사를 왔어.
무척 즐거운 동네야. 함께 놀 수 있는 또래 친구들이 많거든.
우리는 모두 자전거 타는 걸 좋아하고 공놀이도, 숨바꼭질도 좋아해.
막스만 빼놓고 말이야. 말이 없고 수줍음이 많은 막스는 혼자 있는 것을 좋아하고 우리 놀이에 관심이 없어.
그런데 하루는 우리가 돌차기 놀이를 하자니까 막스가 좋다고 했어.
막스는 규칙을 따라 하는 걸 힘들어 했어. 왜냐하면 쉬지 않고 이쪽저쪽으로 뛰어다녔거든.
하지만 무척 신나 보였어. 막스 부모님이 막스에게 밥 먹으러 들어오라고 부를 때까지 말이야.
막스가 얼마나 화를 냈는지 아마 상상할 수 없을 거야! 막스가 바닥에 드러누워서 얼마나 놀랐는지 몰라.
하지만 막스 엄마가 가까이 와서 무척 참을성 있게 조금씩 막스를 진정시켰어.
막스는 다양한 크기의 나무 막대기를 모아서 모양을 만들면서
오랜 시간 노는 걸 무척 좋아해.
한번은 나무 막대기와 나뭇잎으로 자동차 도로를 만들었어.
우리 모두 막대기와 나뭇잎 모으는 것을 도와주었어.
막스는 나중에 대단한 기술자나 건축가가 될 거야."

기후를 위한 학생들의 동맹 휴업

기후 변화의 심각성을 알리고 기후 변화를 막기 위해 십대 때부터 활동하고 있는 그레타 툰베리가 자폐 스펙트럼 가운데 하나인 아스퍼거 증후군 진단을 받았다는 사실을 알고 있니?

자폐 스펙트럼 장애가 있다면…

자기의 느낌을 표현하는 것도 어렵고 다른 사람의 느낌을 짐작하는 것도 쉽지 않아.
또 혼자 있는 것을 편안해하고 말하는 것을 좋아하지 않아.
자폐 스펙트럼 장애가 있으면 친구를 사귀는 일이 어렵기도 해.
자폐 스펙트럼 장애는 특정 상황이나 사물에 집착하거나 특정 행동이나 순서, 방법을
고집하는 특징이 있어. 또한 반복적인 행동을 하고 같은 방식으로 행동하기를 좋아해서
변화가 생기면 놀라고 혼란스러워해. 낯선 환경에서는 감정 표현과 조절이 더 어렵고 말이야.

다운 증후군

"난 니나야. 내 동생이 태어났을 때 동생 눈이
내 눈과 달라 보였어. 왜냐하면 동생 눈은
아주 작고 눈과 눈 사이가 매우 멀었거든.
그래서 무척 특별한 아이라는 것을 알게 되었어.
동생 이름은 페드로야. 퍼즐 맞추기를 무척 좋아하고
참을성이 많아서 아무리 퍼즐 조각이 많아도 한번
시작하면 꼭 완성해. 그림 그리고 색칠하는 것도 좋아해.
페드로의 세계는 우리들의 세계보다 더 천천히 움직여.
그래서 페드로에게는 천천히 설명해 줘야 해.
우리가 공중제비를 돌면서 놀 때도 페드로는
내가 결코 하지 못하는 모양을 만들어.
우리 가족 중에서 몸이 가장 유연해.
페드로는 끌어안는 걸 좋아하는데 그래서 가끔
내 친구들이 우리 집에 놀러 오면 조금 부끄럽기도 해.
왜냐하면 페드로가 언제나 내 친구들을 끌어안고
싶어 하거든. 모두에게 사랑에 빠진 거야!"

너는 눈으로 본 걸 더 잘 기억해?
아니면 듣는 걸 더 잘 기억해?

다운증후군이라면…

우리의 몸을 이루는 세포 안에는 염색체라고 불리는 것이 있는데
대부분 46개의 염색체를 가지고 있어.
그런데 이 염색체가 한 개 더 많은 상태로 태어나면 다운증후군이 발현돼.
다운증후군이 있는 사람은 몸과 뇌가 다른 방식으로 발달해.
이들은 무척 사랑스럽고 사람들을 잘 믿지만 감정을 조절하는 걸 어려워해.
들은 것보다 본 것을 더 쉽게 기억하고 자기가 맡은 일에 대한
책임감이 강하고 완벽하게 해내려고 해.

다운증후군인 배우도 있어. 2018년에 스페인의 여배우 글로리아 라모스는 스페인에서 최우수 신인 배우로 뽑혔어. 글로리아 라모스는 배우이면서 동시에 어린이 교육을 공부했고 배우 일을 안 할 때는 마드리드의 신발 가게에서 일을 해.

주의력 결핍과 과잉 행동 장애

"내 이름은 마테오야. 나는 학교에 가는 것이 너무 좋아.
신나게 달리고 친구들과 함께 새로운 놀이를 만들어서 하고 공놀이도 할 수 있으니까.
하지만 수업 시간은 싫어. 선생님이 많은 걸 가르쳐 주는데 나는 자꾸 잊어버려.
화장실에 가고 싶기도 해. 올해는 수업 시간에 자리를 마음대로 바꿀 수 있는 반이 되어서 정말 좋아.
커다란 공 위에 앉아 있다가 책상 앞으로 옮겨 가서 앉을 수 있거든.
게다가 2주 전부터 내가 선생님 조수가 되어서 수업 재료를 찾으러 교실 밖으로 나가게 되었어.
선생님을 돕는 일은 정말 멋져!"

전 세계 아이들의 5퍼센트 이상이 주의력 결핍과 과잉 행동 장애가 있어.

주의력 결핍과 과잉 행동 장애가 있다면…

주의력 결핍과 과잉 행동 장애를 가진 아이들은 끊임없이 움직이면서 다양한 활동을 해.
그래서 때때로 자기 차례를 기다리거나 시키는 대로 따라 하고 차분히 노는 게 어려워.
또 주의를 기울이고 집중하기가 어려워서 해야 할 일을 잘 잊어버려.
하지만 이성적으로 생각하는 것은 무척 잘하고 창의적인 편이야.
유쾌하고, 조금 과장된 행동을 해서 다른 사람들의 관심을 끌 때가 많아.

> 다양한 방식의 수업으로 아이들 스스로 자유롭게
> 공부하고 선택할 수 있는 학교가 있어.
> 이탈리아의 교육학자 마리아 몬테소리의 가르침을
> 따르는 몬테소리 학교가 대표적이지.

이동이 불편한 사람들

"내 이름은 엠마야. 난 다리를 움직일 수 없어서 어디든 가려면 휠체어를 타고 가야 해.
할머니를 만나러 갈 때면 휠체어에 여행 가방도 싣고 버스를 타야 해.
할머니가 사는 시골에서 휠체어로 움직이는 건 도시에서보다 훨씬 더 힘들어.
진흙탕에 빠지기도 하고 돌멩이에 부딪히기도 해.
그럴 때면 내 동생들이 번갈아 가면서 휠체어를 밀어 줘.
도시에서는 길이 매끄럽게 포장되어서 혼자 다니기 어렵지 않지만 여전히 휠체어로
다니기 어려운 길이 정말 많아. 일요일마다 우리 가족은 함께 자전거를 타고 산책을 해.
가장 행복한 날이야!"

너희 학교는 휠체어를 탄 친구들이 이동하기 편하게 되어 있니?

이동이 불편한 사람들을 위하여

세계 보건 기구의 자료에 따르면 전 세계 인구의 15퍼센트가 이동이 불편한 장애를 갖고 있다고 해. 베를린은 유럽에서 신체적인 장애를 가진 사람들이 살기에 가장 좋은 도시 중 하나야. 버스와 지하철 같은 대중교통이 휠체어를 이용하는 사람들도 이용할 수 있게 되어 있어. 버스 정류장과 인도도 넓고, 어느 도로든 휠체어 바퀴가 오르내릴 수 있게 경사진 부분이 마련되어 있단다.

아마 이런 기호를 거리나 역에서 본 적이 있을 거야. 휠체어를 탄 사람들이 이용할 수 있는 시설이라는 것을 알려 주는 기호야.

글 마그달레나 게레로

엘리사와 엠마의 엄마다. 알베르토 우르타도 대학교에서 사회학을 공부했고 파리 낭테르 대학교에서 석사 학위를 받았다.
사람들 사이에 불평등이 왜 존재하며, 사람들이 왜 서로 배척하는지 등 주변에서 만나는 일들의 원인을 찾는 것을 좋아한다.
현재 칠레 대학교에서 사회 과학 박사 과정을 공부하고 있다. 하지만 매일 밤 딸들에게 이야기를 읽어 주는 게 가장 즐거운 일이다.

글 마리아 호세 포블레테

마테오와 이네스의 엄마이며 칠레 대학교에서 법학을, 파리 에섹 경영 대학교에서 석사 학위를 받았다.
희곡과 소설《불면증》을 썼다. 새로운 사람과 새로운 장소를 알아가는 것을 좋아하고 이야기를 짓는 것을 좋아해서
칠레와 다른 나라의 여러 마을과 도시에서 살면서 다양한 언어로 말하는 법을 배웠다.

그림 알프레도 카세레스

신문과 같은 여러 매체와 출판사에서 십 년 이상 일러스트레이터로 작업을 했다.
《생존하기 위한 모든 것》으로 콜리브리상을,《곱사등이 고래》로 산티아고시상을 받았다.《침입자들》의 작가이다.

옮김 김정하

어렸을 때부터 동화 속 인물들과 세계를 좋아했다.
스페인 어린이 문학을 공부하고 스페인과 라틴 아메리카의 어린이 책을 읽으며 우리말로 옮기는 일을 하고 있다.
틈이 나면 동네를 산책하고 좋아하는 오르간 연주를 한다.
옮긴 책으로《기후 위기, 긴급 처방이 필요해!》,《우리 집이 사라지고 있어》,《도서관을 훔친 아이》,
《난민 소년과 수상한 이웃》,《운하의 빛》,《나와 세계》 등이 있다.

행동하는 어린이 시민
우리는 다르니까 함께해야 해

초판 1쇄 발행 2023년 4월 17일 | 초판 2쇄 발행 2023년 11월 2일
글 마그달레나 게레로, 마리아 호세 포블레테 | 그림 알프레도 카세레스 | 옮김 김정하
펴낸이 김명희 | 편집 이은희 | 편집 진행 스누피 | 디자인 조은화
펴낸곳 다봄 | 등록 2011년 6월 15일 제2021-000136호
주소 서울시 마포구 토정로 222 한국출판콘텐츠센터 305호
제조국 대한민국 | 사용연령 8세 이상 | 전화 02-446-0120 | 팩스 0303-0948-0120
전자우편 dabombook@hanmail.net | 인스타그램 instagram.com/dabom_books

ISBN 979-11-92148-55-7 74330
　　　979-11-92148-27-4 (세트)

※ 책값은 뒤표지에 있습니다.
※ 잘못 만든 책은 구입한 곳에서 교환해 드립니다.
※ 종이에 베이거나 긁히지 않도록 조심하세요. 책 모서리가 날카로우니 던지거나 떨어뜨리지 마세요.
※ KC마크는 이 제품이 공통안전기준에 적합하였음을 의미합니다.

어린이를 위한 사회 교양서 시리즈
행동하는 어린이 시민

팔메라 브라보 외 글 | 가브리엘라 리온 외 그림 | 김정하, 남진희 옮김 | 각 권 72~88쪽 | 각 권 15,000원

- 서울환경연합 추천
- 국제엠네스티 한국지부 추천
- 사이좋은 디지털 세상 추천
- 행복한 아침독서 추천

지구는 일회용이 아니야
지속 가능한 세상을 위한 오늘의 실천

기후 위기, 긴급 처방이 필요해!
지구 온도 1.5도 상승을 막는 해결책

나도 세상을 바꿀 수 있어
어린이 활동가를 위한 안내서

우리는 슬기로운 디지털 시민입니까?
건강한 디지털 세상을 여는 미디어 리터러시

우리는 다르니까 함께해야 해
다름을 존중하는 문화 다양성

우리 집이 사라지고 있어
하나뿐인 지구를 지키는 환경 탐험

행동하는 어린이 시민

《행동하는 어린이 시민》 시리즈는 세계적인 사회 문제에 관심을 기울이며 해결을 위해 적극 참여하는 어린이 시민을 위한 사회 교양서입니다.
기후 위기, 인권, 사회 운동, 문화 다양성, 디지털 시민 등 더 나은 미래를 만드는 데 필요한 사회 이슈들을 깊이 있게 다루며 무엇보다 어린이들이 직접 행동하여 변화를 일으킬 수 있는 방법을 상세히 알려 줍니다.

어린이도 사회의 구성원으로 정의롭지 않은 것을 구별하고 잘못된 일을 바로잡는 데 의견을 내고 행동할 수 있는 시민입니다. 어린이 시민 한 명의 행동이 더 나은 미래로 나아가는 커다란 한걸음입니다. 그 한걸음에 이 시리즈가 도움이 될 것입니다.

독후활동지 다운로드